Einsterns Schwester

3

Themenheft 2

Richtig schreiben

Herausgegeben von
Roland Bauer, Jutta Maurach

Erarbeitet von
Wiebke Gerstenmaier, Sonja Grimm

Dieses Buch gibt es auch auf
www.scook.de

Es kann dort nach Bestätigung der Allgemeinen Geschäftsbedingungen genutzt werden.

Buchcode: 67s62-62rmn

Cornelsen

Inhaltsverzeichnis

So kannst du mit den Heften arbeiten

Du machst alle
Seiten der Lernportion 1.

Zuerst im grünen Heft.	Dann im roten Heft.	Dann im gelben Heft.	Und dann im blauen Heft.

Danach machst du in
allen Heften die Lernportion 2.

Nun machst du in
allen Heften die Lernportion 3.

Genauso bearbeitest du
alle anderen Lernportionen.

1 Wörter in Silben zerlegen

❶ Sprich die Wörter deutlich in Silben. Schwinge dazu.

Wörter bestehen aus Silben.
Jede Silbe hat einen Silbenkern:
der Start, der Pilot.

Start | Wolken | Luft | Flughafen | Pilot

Scheinwerfer | Flügel | Schalter | Radarschirm | Bodenpersonal

❷ Schreibe die Wörter aus ❶ mit Silbenbögen auf.
Markiere die Silbenkerne.

Start

❸

der Boden
erlauben
Europa
fliegen
reisen
der Schalter

→ AH Seite 8

1 Mit Silben richtig abschreiben

So schreibe ich richtig ab:
- Ich spreche ein Wort oder mehrere Wörter in Silben.
- Ich merke mir schwierige Stellen.
- Ich schreibe die Wörter auswendig auf und spreche dabei in Silben.
- Ich zeichne die Silbenbögen darunter und prüfe das Wort.

1 Schreibe die Wörter mit Silbenbögen auf. Achte auf schwierige Stellen.

STOPP

fünf Brötchen ✶ Margarine ✶ Honigkuchen ✶ zwei Flaschen Vollmilch ✶ eine Tüte Äpfel ✶ sieben Bananen ✶ ein Päckchen Milchreis

fünf

2 Schreibe den Text als **Schleichdiktat**.
Zeichne zur Kontrolle die Silbenbögen ein.

STOPP

Heute koche ich Milchreis. |
Dazu stelle ich | einen Topf mit Milch |
auf den Herd | und schalte ihn an. | Ich gebe |
zwei Löffel Zucker dazu. | Wenn die Milch kocht, |
schütte ich | eine Tasse Reis hinein. |
Damit nichts anbrennt, |
rühre ich gut um.

Heft 2, S. 6 ②
Heute ✓ koche ✓ ich ✓ ...

der Löffel
die Tasse
die Teller
brennen
herstellen
kochen

1 Mit Silbenbögen kontrollieren

1 Lies den Zauberspruch. Markiere die Nomen.
Schreibe sie mit Artikel und Silbenbögen auf.

STOPP

Zauberspruch

Nimm Entenfedern, Löwenzahn
und einen Löffel Lebertran.
Sprich Hunke-munke-mops dabei
und mische einen dicken Brei.
Schmier dir die Nasenspitze ein
und stell dich in den Mondenschein.
Und schwebst du nun nicht in die Nacht –
dann hast du etwas falsch gemacht!

Max Kruse

die Entenfedern ✓

2 Reime die Zaubersprüche weiter.

1 Silbenkerne einsetzen

1

Jede Silbe hat einen **Silbenkern**.
Meistens ist es ein **Selbstlaut** (a, e, i, o, u): der Ball, die Nase.
Manchmal ist es ein **Umlaut** (ä, ö, ü): der Bär, die Möwe.
Manchmal ist es ein **Zwielaut** (ei, eu, au, äu): das Haus, die Leute.

2 Ergänze die fehlenden Silbenkerne
und zeichne die Silbenbögen ein.

Pl_a_n_e_t   R__k__t__   M__nd

S__nn__   T__l__sk__p   St__rn

M__rsm__nnch__n

3 Findet die Silbenkerne.
Schreibt die Wörter mit Silbenbögen richtig auf.

Rmschff	Kmt	Mlchstrβ
Raum		
nvrsm	Wltll	Strnschnpp
Strnbld	Hmml	Wltrm

1 Wörter mit -er, -el und -en schreiben

1 Viele Wörter haben die Endungen **-er**, **-el** oder **-en**.
Ergänze passend.

Räts___ Himm___ Gewitt___ bleib___

flieg___ fang___ Vog___ fall___

West___ Ost___ Wett___ Neb___

Flüg___ darüb___

2 Schreibe die Wörter mit Silbenbögen auf.
Markiere die Silbenkerne.

Rätsel

besser
gegen
offen
über
unter
wieder

1 Wörter schriftlich trennen

1 Manchmal muss ich ein Wort **am Ende einer Zeile** trennen, wenn es nicht mehr hinpasst: Kin-der.
Ich trenne so, wie ich das Wort beim langsamen **Sprechen** in Silben **zerlege.**

2 Sprich die Namen der Kinder in Silben.
Schreibe alle Namen mit Trennstrichen auf.

Artur, Ben, Esra, Felix, Jan, Janosch, Marie, Marlene, Max, Melina, Michel, Moritz, Nina, Özgür, Ramona, Ronja, Teresa, Tobias

Ar-tur,

3 Suche dir ein Partnerkind.

a) Schwingt die Wörter und sprecht dabei.

Kuchen | Tasche | suchen | Flaschen

b) Trennt die Wörter schriftlich. Kontrolliert mit einem Wörterbuch.

c) Vergleicht Schwingen und Schreiben.

→ AH Seite 9

1 Trennungsregeln anwenden

ω

1 Schreibe die Wörter mit Trennstrichen auf. Finde Reimwörter dazu.
Sieh im Wörterbuch nach, wenn du unsicher bist,
wie du die Wörter trennen kannst.

a) singen ★ br★★★★★ ★ gel★★★★★

sin-gen,

b) winken ★ st★★★★★ ★ bl★★★★★ ★ tr★★★★★

2 Sprich die Wörter deutlich in Silben. Mache die doppelten Mitlaute hörbar.
Zeichne die Silbenbögen ein.

Butter Messer Kanne Teller Brille Wasser

3 Schlage die Trennung der Wörter aus **2**
im Wörterbuch nach. Kontrolliere.
Schreibe dann einen Merksatz auf.

Merke: Wörter mit

4 Lies Lolas Tipp.
Prüfe bei jedem Namen, ob du trennen darfst.
Zeichne – wenn möglich – Trennstriche ein.

Anton	Eva	Erkan	Finja	Ida
Jakob	Lea	Hanna	Oli	Alex
Lena	Malte	Niklas	Pia	Nino

1 Über das eigene Lernen nachdenken

Ergänze deine erste Lernraupe.

… Wörter in Silben zerlegen.

… mit Silben richtig abschreiben.

… mit Silbenbögen kontrollieren.

… Silbenkerne einsetzen.

… Wörter mit -er, -el und -en schreiben.

… Wörter schriftlich trennen.

… Trennungsregeln anwenden.

Ich fand gut, dass …

Mir hat nicht so gut gefallen, dass …

Nomen mit ä und äu ableiten ↯

1 Ich schreibe ein Wort mit ä oder äu, wenn ich es von einem verwandten Wort mit a oder au **ableiten** kann.

 das Äffchen ↯ der Affe 

 die Fäuste ↯ die Faust 

2 Finde ein verwandtes Wort. Markiere wie im Beispiel.

 die Hände ↯ die Hand

→ AH Seite 16

2 Nomen mit ä und äu ableiten

1 Finde verwandte Wörter.
Ergänze die Tabelle und markiere wie im Beispiel.

Das ist klein.	Das ist groß.
das Gärtchen	der Garten
das Täschchen	
	der Wald
	das Lamm
	die Taube
	die Katze
das Äuglein	
das Mäuslein	
das Schräubchen	

2 Finde mindestens vier weitere Wortpaare wie in **1**.

das

die Ärzte
die Gärten
die Pässe
die Städte
die Träume
die Wälder

→ AH Seite 16

2 Verben mit ä und äu ableiten

1 Finde zu jedem Nomen das verwandte Verb.
Schreibe die Wortpaare auf. Markiere wie im Beispiel.

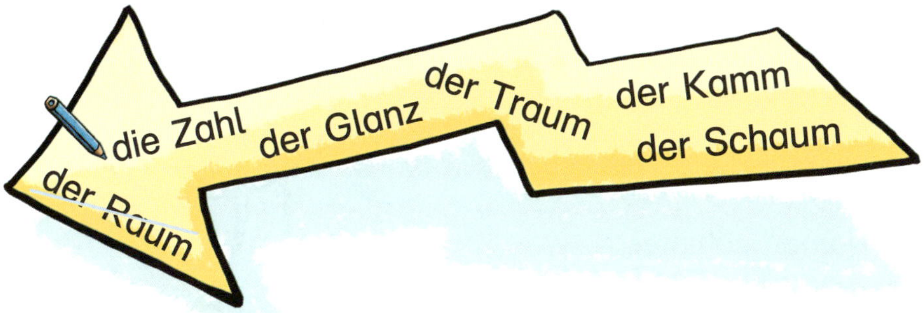

aufräumen ⚡ der Raum

____

____

2 Ergänze die Verben aus **1** in der passenden Form.

Opa Max erzählt gerne von früher.

Maike ______________ jeden Morgen ihre langen Haare.

Tom hat heute freiwillig sein Zimmer ______________.

Viele Menschen ______________ von einer Weltreise.

Das Spülmittel ______________ beim Geschirrspülen.

Der geputzte Sportwagen ______________ in der Sonne.

3

⚡ aufräumen
erklären
erzählen
glänzen
lächeln
wählen

2 Nomen mit b, d und g verlängern

↝

1 Manchmal kann ich nicht hören, ob ich ein Wort mit **b oder p, d oder t, g oder k** schreiben muss. Dann verlängere ich das Wort durch Weiterschwingen. Bei Nomen suche ich die Mehrzahl.

die Bur ? (g oder k?) Beweis: die Burgen Lösung: die Burg

Bei Adjektiven setze ich ein Nomen dahinter.

wil ? (d oder t?) Beweis: das wilde Tier Lösung: wild

Bei Verben suche ich die Grundform.

sie lie t? (b oder p?) Beweis: lieben Lösung: sie liebt

2 Bilde die Mehrzahl der Nomen. Schreibe Einzahl und Mehrzahl in dein Heft. Markiere die Nachdenkstelle und zeichne bei den Mehrzahlwörtern die Silbenbögen ein.

Heft 2, S. 16 ②, ③

das Sieb ↝ die Siebe

…

3 Schreibe mindestens drei eigene Beispiele auf.

→ AH Seite 17

2 Adjektive und Verben mit b, d und g verlängern

1 Setze **b** oder **p**, **d** oder **t**, **g** oder **k** ein.
Ergänze jeweils das passende Wort und zeichne Silbenbögen ein.

Das Kind ist kran k.  das ____________ Kind

Der Ball ist run____.  der ____________ Ball

Der Drachen ist bun____.  der ____________ Drachen

Die Blume ist gel____.  die ____________ Blume

Der Professor ist klu____.  der ____________ Professor

2 Schreibe die Quartette auf. Ergänze bei drei Quartetten die Grundform.

er biegt
er bleibt
er erlebt
klug
rund
er schiebt

liegen: du ____________

____

____

____

____

2 Wörter mit doppeltem Mitlaut verlängern

1 Manchmal kann ich einen **doppelten Mitlaut** schlecht hören.
Dann hilft das **Weiterschwingen.** So kann ich den doppelten Mitlaut in zwei Silben hören.

Nomen:	Adjektiv:	Verb:
Stamm ↪ die Stäm me	dünn ↪ ein dün ner Mann	kommt ↪ kom men

2 Verlängere durch Weiterschwingen.
Kennzeichne den kurzen Selbstlaut.
Zeichne Silbenbögen ein.

krumm – trifft – rennt – Kamm – Schritt – glatt – voll – Kuss – schnappt – kläfft

krumm ↪ eine krumme Banane,

2 Wörter mit doppeltem Mitlaut verlängern

1 Lies den Lückentext.

Im Schwi✶unterricht hat Niko nicht viel gelernt.
Er hat sich am Bre✶ festgehalten und weit weg gewünscht.
Der Anfang war du✶ gelaufen. In der ersten Stunde
ist Niko durch das Hallenbad gera✶t, ausgerutscht
und mit dem Knie auf die Fliesen gepra✶t.
Er durfte dann nicht mit ins Wasser und hat so
den Anschlu✶ verpa✶t. Aber jetzt kla✶t es.
In den letzten Ferien war die Familie am Meer.
Und da ist Niko einfach ins Wasser gesprungen
und losgeschwommen. Dieses Gefühl war to✶.

2 Verlängere die Wörter mit den Sternchen aus **1** durch Weiterschwingen.
Schreibe auf, wie du verlängert hast.

Schwimmunterricht ↪ schwimmen,

↪ es beginnt
das Brett
dünn
glatt
der Kamm
sie kennt

2 Verben mit ng und nk verlängern

Bei manchen Verbformen kannst du **ng** oder **nk** nicht deutlich hören. Bilde dann die Grundform:
sie sprin★t – springen,
er den★t – denken.

1 Würfle und rücke mit deiner Spielfigur in Pfeilrichtung entsprechend deiner Augenzahl vor. Bilde durch Verlängern die Grundform. Mache **ng** oder **nk** hörbar.

es kli★t ←	es drä★t ←	er sche★t ←	es si★t ↑
↓ es wa★t	er bli★t →	↓ es hä★t	↑ er de★t
↓ er spri★t	↑ er fä★t	ZIEL	↑ es schwa★t
↓ sie hi★t	↑ sie da★t ←	↑ er si★t	↑ sie tri★t
↓ sie le★t →	es sti★t →	sie za★t	START

2 Bilde mit Hilfe der Verben aus 1 Reimwortketten in der Grundform.

danken – schwanken –

2 Über das eigene Lernen nachdenken

Ergänze deine Lernraupe.

… Nomen mit ä und äu ableiten.

… Verben mit ä und äu ableiten.

… Nomen mit b, d und g verlängern.

… Adjektive und Verben mit b, d und g verlängern.

… Wörter mit doppeltem Mitlaut verlängern.

… Verben mit ng und nk verlängern.

Um konzentriert arbeiten zu können, brauche ich …

Wie schätzt du dein Lerntempo ein?

Es hilft mir auch, mich auf die Arbeit zu konzentrieren, wenn …

3 Wörter mit sch, sp und st schreiben

1 Lies die Wörter einem Partnerkind vor. Mache die Mitlaute hörbar, indem du die Wörter deutlich sprichst.

schweigen | Schwester | deutsch | Zwetschge | waschen | Matsch | schlau | rutschen | Schwein | schnell | klatschen | schwer | Schranke | schwarz

2 Ordne die Wörter aus 1 nach Nomen, Verben und Adjektiven. Schreibe sie mit Silbenbögen auf.

STOPP

Nomen: die Schwester, ✓

3 Ergänze **Sp**, **sp**, **St** oder **st**.

___ort ___enden ___aren ___ielen ___reiten

___inne ___inat ___ehlen Ge___ank ___ucken

___aziergang ___aghetti ___argel

4

beschweren
schneiden
schweigen
schwimmen
sparen
streiten

→ AH Seite 24

Wörter mit Qu/qu bilden

M

1 Schreibe die acht Nomen mit Silbenbögen auf.

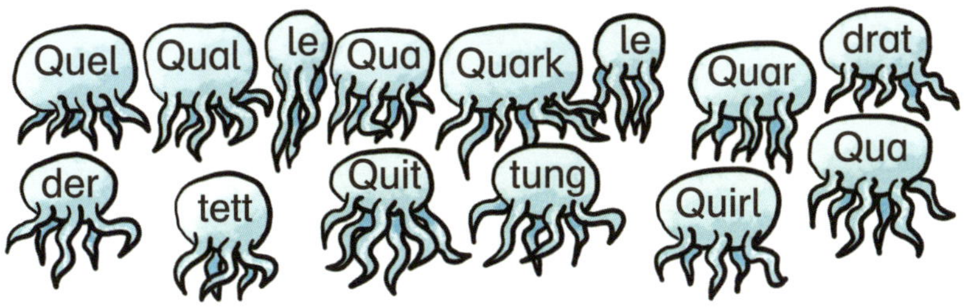

die Quelle,

2 Bilde die Wörter und sortiere nach Verben und Adjektiven.

Adjektive:
quadratisch,

Verben:

3 Erfindet Unsinnssätze mit **Qu**- und **qu**-Wörtern.

M bequem
quälen
der Qualm
das Quartett
die Quelle
quer

3 Sich Wörter mit langem i merken

M

1

Wörter mit **lang gesprochenem i** schreibt man fast immer mit **ie.**
Nur wenige Wörter mit langem i schreibe ich mit **ih.**
Diese kommen aber sehr oft vor, zum Beispiel:
ihm, ihr, ihn, ihre.

2 Schreibe mindestens zehn Wörter mit **ie** auf.
Du kannst auch in der Wörterliste nachschlagen.

STOPP

____

____

____

____

3 Setze die Wörter mit **ih** richtig ein.
Schreibe den Text dann als Schleichdiktat.

STOPP

Heft 2, S. 24 ③
Mein Hund heißt Bello. ✓
Ich ...

ihrer	ihm	ihn	ihm	ihrem	~~ihn~~	ihre

Mein Hund heißt Bello. | Ich habe ihn ✓ sehr lieb. |

Ich füttere _____________ | und spiele mit _____________ . |

Nach der Schule | gehe ich mit _____________ spazieren. |

Meine Freundin hat | drei junge Katzen. |

_____________ Namen sind Minka, | Tinka und Katerle. |

Sie liegen gerne | in _____________ Körbchen |

und kuscheln | mit _____________ Mutter.

Wörter mit V/v nach ihrem Klang unterscheiden

1 V/v wird unterschiedlich gesprochen:
v wie **f**, z. B. viel, bevor; **v** wie **w**, z. B. Klavier, Veranda.
Wörter mit V oder v musst du dir merken.

2 Ersetze die Bilder durch die passenden Wörter. Markiere **V** und **v**.

STOPP

viele Kugeln 

eine violette 

eine versteckte 

eine verrostete 

eine vollgekleckerte 

ein verstimmtes 

ein verwaschener 

Vase | Vanilleeis | Serviette | Viper | Pullover | Klavier | Lokomotive

viele Kugeln Vanilleeis, ✓

3 Lies deine Lösung aus 2 einem Partnerkind deutlich vor.

M

Wörter mit V/v nach ihrem Klang unterscheiden

STOPP

1 Schreibe die Wörter auf. Ergänze bei Nomen auch den Artikel.
blau = Wörter, bei denen **V/v wie f** gesprochen wird
grün = Wörter, bei denen **V/v wie w** gesprochen wird

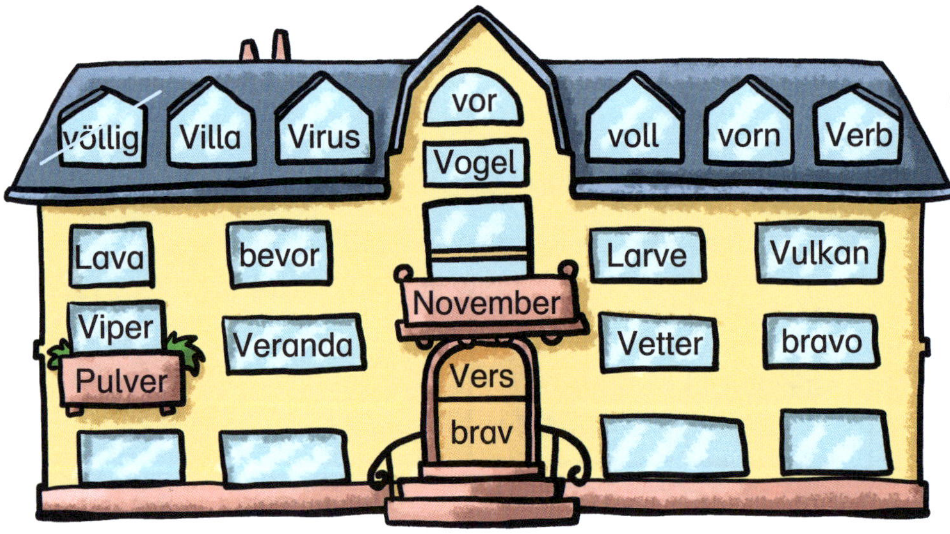

M bevor
brav
die Kurve
die Vase
der Verein
voll

V/v klingt wie F/f	V/v klingt wie W/w
völlig	

3 Wörter mit x-Lauten unterscheiden

M

1 Der x-Laut kann auf verschiedene Weise geschrieben werden:
als **x**: Axt, Nixe, als **chs**: wechseln, Fuchs,
als **cks**: Klecks, als **ks**: Keks.
Die Wörter mit x-Laut musst du dir merken.

2 Lies den Text und löse die Aufgaben.

Hexenküche

Hexe Mira mixt einen neuen Zaubertrank. Für dieses Experiment braucht sie einige exotische Zutaten: exakt siebenundzwanzig Gräten vom Lachs, sechs Schuppen einer Eidechse, drei Haare vom Dachs, einen Milchzahn vom Fuchs, einen Eimer Bienenwachs und drei Becher Ochsenblut. Ihr Kater kommt mucksmäuschenstill in die Küche geschlichen, schnuppert und läuft schnurstracks wieder hinaus. Obwohl Mira auf dem Gebiet der Mixturen als Expertin gilt, schaut sie lieber noch einmal in ihrem Zauberlexikon nach, damit der Trank nicht explodiert.

a) Unterstreiche in **grün** alle fünf Tiere im Text.

b) Schreibe das Zahlwort mit **chs** auf. ______

c) Unterstreiche in **Rot** alle zehn Wörter mit **x**.

d) Finde im Text ein anderes Wort für **genau**. ______

e) Finde im Text ein anderes Wort für **ganz leise**. ______

f) Finde ein weiteres Wort mit **cks**. ______

g) Schreibe das Gegenteil von **rechts** auf. ______

M boxen
explodieren
extra
links
verwechseln
wachsen

3 Über das eigene Lernen nachdenken

Ergänze deine Lernraupe.

… Wörter mit sch, sp und st schreiben.

… Wörter mit Qu/qu bilden.

… Wörter mit V/v nach ihrem Klang unterscheiden.

… Wörter mit langem i schreiben.

… Wörter mit x-Lauten unterscheiden.

Es war toll, mit ________ zusammenzuarbeiten, weil …

Mit einem Partnerkind komme ich gut voran, wenn …

4 Kurze und lange Selbstlaute unterscheiden

1

Nach einem **kurzen Selbstlaut** (a, e, i, o, u) folgen meistens **zwei oder mehr Mitlaute:**
- verschiedene Mitlaute: der Saft, winzig oder
- zwei gleiche Mitlaute: der Himmel, nass.

Nach einem **langen Selbstlaut** folgt meist nur **ein Mitlaut:** die Rose, das Gras.

2 Lies die Wörter.
Kennzeichne den kurzen Selbstlaut mit einem Punkt.
Markiere die folgenden beiden Mitlaute.

alt Tasse satt krank nett wild

Saft Kind Kanne Welt Stoff

3 Sprich die Wörter zu den Bildern deutlich.
Kreise alle Bilder mit einem langen Selbstlaut ein.

4 Kurzes i oder langes ie? Ergänze passend.

F___nger l___b s___ngen

D___b w___ld Sp___gel st___ll

rad___ren B___ld verl___ren

4 Wörter mit doppelten Mitlauten zuordnen

1 Setze den passenden doppelten Mitlaut ein:
bb, **ff**, **ll**, **nn**, **pp** oder **tt**.

Ho_bb_y ★ Ba___ ★ Bu___er

kri___eln ★ Bü___el

we___en ★ do___elt

Wo___e ★ Kape___e

A___e ★ bi___ig ★ Ma___

Tre___e ★ bre___en

2 Sortiere die Wörter aus **1** nach dem doppelten Mitlaut.
Markiere den doppelten Mitlaut.
Kennzeichne den kurzen Selbstlaut davor mit einem Punkt.
Zeichne Silbenbögen ein.

bb: das Hobby

ff:

ll:

nn:

pp:

tt:

Wörter mit doppelten Mitlauten finden

1 Finde zu den Silbenbögen mit doppeltem Mitlaut passende Wörter.

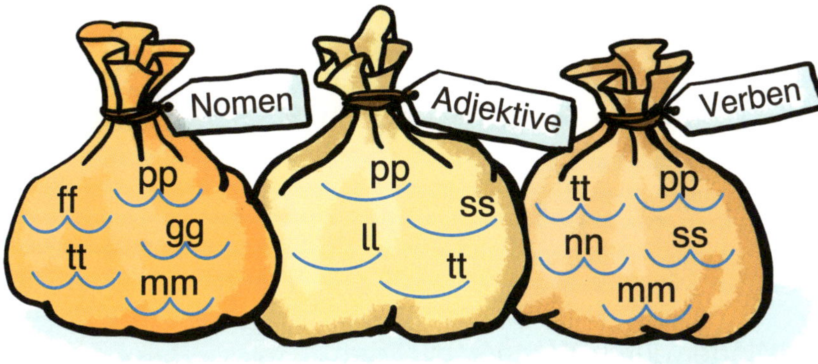

Nomen: die Treppe,

Adjektive:

Verben:

2 Schreibe zu den Nomen Reimwörter. Kennzeichne den kurzen Selbstlaut und den folgenden doppelten Mitlaut. Zeichne Silbenbögen ein.

Grille	Tasse	Puppe
Brille		
Fälle	Butter	Rüssel

die Brille
fressen
gewinnen
die Nummer
sammeln
der Schatten

4 Wörter mit doppelten Mitlauten erkennen

1 Sprich die Wörter in Silben.
Kennzeichne den kurzen Selbstlaut und den folgenden doppelten Mitlaut.
Zeichne Silbenbögen ein.

Wetter ✶ Lappen ✶ Teller ✶ Messer ✶ Löffel

krabbeln ✶ essen ✶ lassen ✶ Matte ✶ wollen

2 Verlängere die einsilbigen Wörter durch Weiterschwingen.
Kennzeichne den kurzen Selbstlaut und den folgenden doppelten Mitlaut.
Zeichne Silbenbögen ein.

still → eine stille Nacht

hell →

er muss →

er will →

das Schloss →

3 Schreibe die sechs Nomen mit einem kurzen Selbstlaut mit dem Artikel auf.
Kennzeichne den kurzen Selbstlaut und den folgenden doppelten Mitlaut.

STOPP

die Brille, ✓

das Bett
dumm
fett
der Fluss
glatt
der Stamm

4 Wörter mit ck schreiben

1 **Nach einem kurzen Selbstlaut** steht nicht kk, sondern **ck**:
der Wecker, backen, dreckig.

2 Finde die Reimwörter und schreibe sie auf.
Kennzeichne die kurzen Selbstlaute und markiere das **ck**.

backen	die Locken	der Rücken
hacken	die Gl	die M
der Nacken	die	dr
die Z acken	h	b

3 Bilde mindestens zehn Wörter mit **eck** und schreibe sie auf.
Kennzeichne den kurzen Selbstlaut mit einem Punkt.

H	schl				er
W	st				en
Z	w	schr		eck	e
dr	l				lich
Gem	n				ig

dick
drücken
erschrecken
das Glück
packen
das Stück

die Hecke,

4 Wörter mit tz üben

1

Nach einem kurzen Selbstlaut steht nicht zz, sondern **tz**: die Katze.
Am Wortende kann ich **tz** nur durch Verlängern hörbar machen:
der Blitz ↪ die Blitze.

2 Würfle und wähle eine der beiden Aufgaben.
Löse so mindestens vier Aufgaben.

Heft 2, S. 34 ②
☐ petzen, …

Netz ✶ Mütze ✶ Tatze ✶ Pfütze ✶ Sitz ✶ Spitze ✶
petzen ✶ Latz ✶ putzen ✶ Witz ✶ sitzen ✶
schützen ✶ trotzig ✶ stützen ✶ Lakritze ✶ setzen ✶
Katze ✶ Verletzung ✶ hetzen ✶ spitz ✶ kratzig ✶
Platz ✶ Schatz ✶ kratzen ✶ witzig ✶ Blitz ✶ ritzen

⚀ Schreibe alle Verben mit **tz** auf. Markiere den kurzen Selbstlaut.
⚁ Schreibe alle Nomen mit **tz** auf. Markiere den kurzen Selbstlaut.
⚂ Schreibe alle einsilbigen Wörter heraus.
⚃ Ordne alle Nomen nach dem Alphabet.
⚄ Schreibe fünf Reimwortpaare mit **tz** auf.
⚅ Schreibe aus dem Gedächtnis möglichst viele **tz**-Wörter auf.

⚀ Verlängere durch Weiterschwingen alle Wörter, die auf **tz** enden.
⚁ Schreibe einen Unsinnssatz mit möglichst vielen **tz**-Wörtern.
⚂ Schreibe zehn **tz**-Wörter auf. Gestalte das **tz** besonders (groß, winzig, bunt, verschnörkelt …).

⚃ Schreibe ein kurzes **tz**-Gedicht.
⚄ Male ein Bild, auf dem viele **tz**-Wörter zu sehen sind.
⚅ Schreibe alle Adjektive mit **tz** auf. Markiere den kurzen Selbstlaut.

der Blitz
das Gesetz
der Platz
der Satz
der Schatz
spitz

4 Wörter mit doppeltem Mitlaut, tz oder ck trennen

1 Wörter mit einem **doppelten Mitlaut** trenne ich wie beim Silbensprechen **zwischen den doppelten Mitlauten:** Pup-pe, mes-sen.
Wörter mit **tz** trenne ich zwischen **t** und **z:** blit-zen, put-zen.
Aber: Wörter mit **ck** trenne ich nach dem kurzen Selbstlaut,
ck bleibt immer zusammen: we-cken, Ja-cke.

2 Schreibe die Nomen mit Artikel und Trennstrichen auf.

ma trat ze Luft

ze tat Kat zen

ding sel Pud schüs

cker cke Zu schne

Wa ding ckel pud

die Luft-ma-trat-ze,

3 Schreibe die Wörter mit Silben-Trennstrichen auf.
Ergänze bei den Nomen jeweils den Artikel.

die Flüs-se,

4 Doppelte Mitlaute in einem Schleichdiktat üben

So schreibe ich ein Schleichdiktat:
1. Ich lese den Text in Ruhe durch und lege ihn an einen weit entfernten Platz.
2. Ich merke mir einen Abschnitt bis zum Trennstrich und schleiche zu meinem Platz.
3. Ich schreibe den Abschnitt auf. Ich lasse dabei über jeder Zeile eine Zeile frei.
4. Ich schleiche wieder zum Text und merke mir den nächsten Abschnitt, bis ich den Text geschrieben habe.
5. Ich hole den Text und kontrolliere Wort für Wort.
6. Ich streiche ein falsches Wort durch und schreibe das richtige Wort darüber.

1 Schreibe ein Schleichdiktat nach Lolas Anleitung.
Setze dabei **ll**, **mm**, **ss**, **tz** oder **ck** in die Lücken ein.
Decke die Lösung unten ab.

STOPP

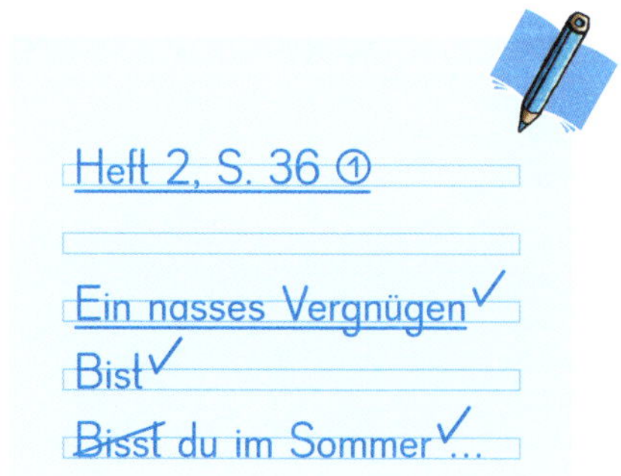

Ein na ss es Vergnügen |

Bist du im So_____er | stark erhi_____t, |
macht eine Wa_____erschlacht |
riesigen Spaß. | Besonders wi_____ig ist es, |
kleine Luftba_____ons | mit Wa_____er zu fü_____en. |
Mit den Wa_____erbomben werden | a_____e Kinder na_____. |
Zerpla_____t ein buntes Gu_____igescho_____ | auf dem Asphalt, |
spri_____t es | bis in die hinterste E_____e. |
Fli_____t man nicht | schne_____ genug davon |
oder findet kein sicheres Verste_____, |
bleibt besti_____t | kein Kleidungsstü_____ tro_____en.

Lösung: Ein nasses Vergnügen

Bist du im Sommer stark erhitzt, macht eine Wasserschlacht riesigen Spaß. Besonders witzig ist es, kleine Luftballons mit Wasser zu füllen. Mit den Wasserbomben werden alle Kinder nass. Zerplatzt ein buntes Gummigeschoss auf dem Asphalt, spritzt es bis in die hinterste Ecke. Flitzt man nicht schnell genug davon oder findet kein sicheres Versteck, bleibt bestimmt kein Kleidungsstück trocken.

4 Über das eigene Lernen nachdenken

Ergänze deine Lernraupe.

… Wörter mit ck schreiben.

… Wörter mit tz schreiben.

… Wörter mit doppelten Mitlauten zuordnen.

… Wörter mit doppeltem Mitlaut, tz oder ck trennen.

… kurze und lange Selbstlaute unterscheiden.

… Wörter mit doppelten Mitlauten erkennen.

Ich schreibe besser, wenn …

Ich kann super schreiben, wenn …

5 Das Alphabet wiederholen

1 Schreibe jeweils den Vorgänger und Nachfolger auf.

H I ___ ___ O ___ ___ U ___ ___ E ___ ___ B ___

2 Schreibe die Nomen mit ihrem Artikel nach dem Alphabet geordnet auf.

STOPP

~~Berg~~	Ort	Netz	Kreis	Erde	Zeit	Hase
Dorf	Garten	Punkt	Feuer	Licht	Schluss	

der Berg, ✓

3 Nummeriere jeweils vier Wörter nach dem Alphabet.

a) ☐ alt ☐ arm 1 albern ☐ ängstlich

b) ☐ braun ☐ böse ☐ blass ☐ blind

4

das Hobby
der Keks
die Nixe
plötzlich
trotzdem
vorher

5 Wörter im Wörterbuch finden

1

Im Wörterbuch stehen die Wörter nach dem Alphabet geordnet. Zuerst steht **fett gedruckt** das **Leitwort,** dahinter stehen manchmal noch Nebenstichwörter:
falsch, fälschen, der Fälscher, die Fälschung.

2 Sieh dir die Wörterbuchseite an. Beantworte die Fragen in ganzen Sätzen in deinem Heft.

	Fa
	F f
Leitwort	die Fa|**bel,** die Fabeln
	die Fa|**brik,** die Fabriken, der Fabrikant
	das **Fach,** die Fächer, der Fachmann (→ Mann),
Verweis auf ein weiteres Wort im Wörterbuch	das Fachwerk (→ Werk)
	die **Fa|ckel,** die Fackeln
	fad, fade
Silbentrennung	der **Fa|den,** die Fäden, einfädeln
Nebenstichwort	**fä|hig,** die Fähigkeit
	fahn|den, sie fahndete, die Fahndung
	die **Fah|ne,** die Fahnen
Personalform	**fah|ren,** sie fährt, sie fuhr, die Fahrt, der Fahrer, die Fahrkarte, die Fähre, das Fahrzeug S. 227
Mehrzahl	das **Fahr|rad,** die Fahrräder S. 211
	fair, unfair
Vergangenheitsform	**fal|len,** du fällst, sie fiel, auf jeden Fall S. 227
	fäl|len, er fällte S. 227
	fäl|lig S. 227
	falsch, fälschen, der Fälscher, die Fälschung
	die **Fal|te,** die Falten, falten
Artikel	der **Fal|ter,** die Falter
	die **Fa|mi|lie,** die Familien
	115

A B C D E F G H I J K L M N O P Q R S T U V W X Y Z

Heft 2, S. 39 ②
a) Fett gedruckt sind ...
b) Hinter jedem Nomen steht ...
c) Bei jedem Verb steht ...
d) Die Pfeile bedeuten, dass ...
e) ...

a) Was ist immer **fett** gedruckt?

b) Was steht hinter jedem Nomen?

c) Was steht bei jedem Verb dabei?

d) Was bedeuten die Pfeile?

e) Schreibe das Wort mit den meisten Nebenstichwörtern auf.

f) Schreibe drei Nomen mit der Mehrzahlform auf.

→ AH Seite 39

5 Mehrzahlformen im Wörterbuch finden

1 Wenn ein Nomen in der Mehrzahl steht, muss ich zuerst die Einzahl bilden, um das Wort im Wörterbuch zu finden:
Mäuse finde ich unter Maus.

2 Finde zu jedem Mehrzahlwort das Einzahlwort.
Suche das Einzahlwort im Wörterbuch und schreibe es mit Artikel auf.

Tücher | Kämme | Wörter | Eier | Bücher | Fahrräder

Fahrten | Blüten | Gärten | Wälder | Tränen | Schwestern

die Tücher → das Tuch ✓

5 Nomen alphabetisch einordnen

1 Bilde jeweils das Einzahlwort und ordne es alphabetisch in den richtigen Kasten ein.

Flüsse | Gefahren | Koffer | Fahrkarten | Gesetze

Gläser | Kinder | Füchse | Kürbisse | Pilze | Götter

fleißig Fluss frisch	fressen ____ Futter	Esel ____ falsch
geboren ____ gelb	Gewitter ____ Gras	glauben ____ Grund
Kiefer ____ Kino	Knopf ____ Kohl	Kugel ____ küssen
Geschenk ____ Gewächs	Pferd ____ Programm	

der Gott	die Götter
der Krieg	die Kriege
das Land	die Länder
das Schloss	die Schlösser
der Stoff	die Stoffe
der Wind	die Winde

Unterstreiche immer den Buchstaben, nach dem du sortiert hast.

5 Verbformen im Wörterbuch finden

1

Verschiedene Verbformen finde ich im Wörterbuch immer bei der Grundform:
Er isst steht bei essen und
er rannte steht bei rennen.

2 Suche die Grundform der Verben im Wörterbuch.
Notiere jeweils die Seitenzahl.

sie sah | gefroren | er schnitt | er aß | sie riefen | er log

es brannte | sie erschrak | gesessen | er verzieh | geholfen

sie sah – sehen, Seite

5 Verbformen im Wörterbuch finden

1 Suche die Vergangenheitsform der Verben im Wörterbuch.

STOPP

fangen – er fing, ✓

5 Zusammengesetzte Nomen nachschlagen

1 Zusammengesetzte Wörter zerlege ich in ihre Bestandteile und schlage diese Wörter einzeln im Wörterbuch nach: Rehkitz: das Reh + das Kitz.

2 Zerlege die acht zusammengesetzten Nomen in Einzelwörter.
Überprüfe die einzelnen Wörter mit dem Wörterbuch und schreibe sie richtig auf.

STOPP

Herr Maier ist Förster. Zusammen mit einem Waltarbeiter schaut er,
welche Laubbeume gefällt werden müssen. Auf einem alten Baum nistet
ein Buntschpecht. Der Baum darf deshalb noch stehen bleiben.
Auch das Hinweißschild am Naturlehrpfat muss neu befestigt werden.
Als er die Futtergrippe auffüllt, kommen zwei Wiltschweine und ein Rehkiz.

der Wald✓ + der Arbeiter,✓ der Waldarbeiter✓

3 Verbessere die Wörter nun auch oben im Text.

5 Fremdwörter aufschreiben und erklären

1 Spure die Linien mit verschiedenen Farben nach und schreibe die Wörter geordnet nach ihrer Herkunft auf. Schreibe bei Nomen die Artikel dazu. Kontrolliere mit dem Wörterbuch.

Heft 2, S. 45 ①
GB: die Jeans,✓das T-Shirt,✓...
F: das Baguette,✓...
...

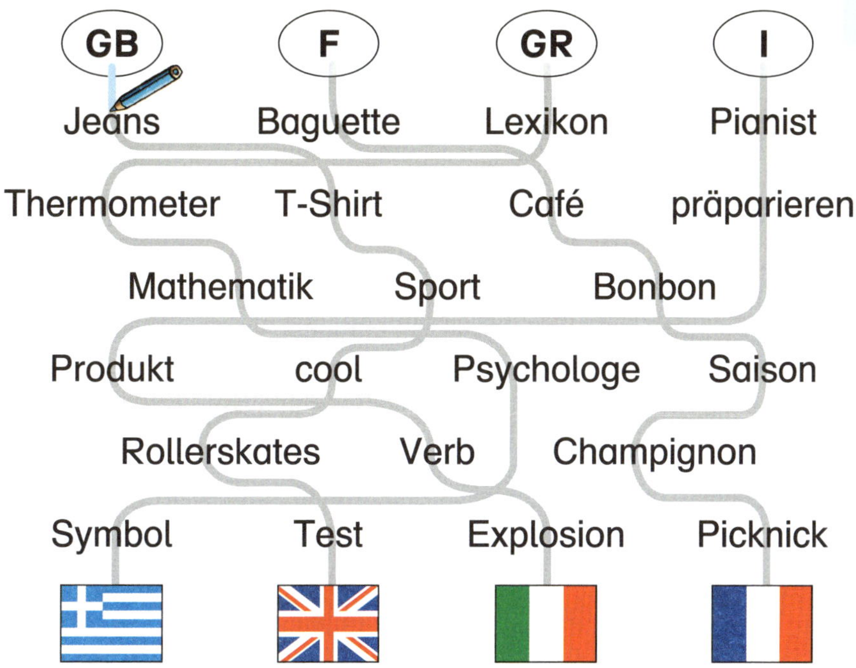

2 Suche das Fremdwort mit derselben Bedeutung im Wörterbuch.

Innenstadt = Ci ___ ___

kräftig rosa = p ___ ___ ___

Versuch = Ex ___ ___ ___ ___ ___ ___ ___ ___

gesundheitlich in Form = ___ ___ ___

Kennst du weitere Fremdwörter aus anderen Sprachen?

3 Suche das Fremdwort und dessen Bedeutung im Wörterbuch. Erkläre die Bedeutung einem Partnerkind.

Spaghetti | Thermometer | Portmonee | Allee

5 Wörter nachschlagen und Texte verbessern

STOPP

1 Schlage die markierten Fehlerwörter im Wörterbuch nach. Schreibe sie richtig auf.

Das Schulfest am letzten Samstag war der Hitt. Bei stralendem Sonnenschein waren mehr als dreihundert Leute gekommen, um gemeinsam das Jubileum der Erich-Kästner-Grundschule zu feiern. Vor genau fünfzig Jahren wurden hier nähmlich die ersten Erstklässler eingeschult. Die Klassen hatten Abwechslungsreiche Vorführungen, lustige Spiele, verschiedene Bastelstazionen und viele leckere Schpezialitäten aus allen Ländern vorbereitet. Das ganze Schulgebäude war überall liebevoll dekoriert. Der Höhepunkt des Tages war aber die Klassenolimpyade.
Alle Schüler trafen sich zu einem fähren Wettkampf im Torwandschießen, Froschweitsprung und Drachenlauf. Bei dieser Distziplin gelang es der Klasse 4b unter den Anfeuerungsrufen der Fans, die Koncurrenz hinter sich zu lassen. Bei der Gesamtwertung erzielte jedoch die Klasse 3a das beste Ergebnis und durfte den Pockal in Empfang nehmen. Danach halfen alle Eltern, Schüler und Lehrer tatkräftig beim Aufräumen, sodass sogar unser Hausmeister mit dem Ablauf des Festes sehr zufrieden war.

Hit ✓

5 Über das eigene Lernen nachdenken

Ergänze deine Lernraupe.

… das Alphabet aufsagen.

… Wörter im Wörterbuch finden.

… Nomen alphabetisch einordnen.

… Verbformen im Wörterbuch finden.

… zusammengesetzte Nomen nachschlagen.

… Fremdwörter aufschreiben und erklären.

… Wörter nachschlagen und Texte verbessern.

Mein Test hat mir gezeigt, dass …

Nach dem Test wusste ich …

6 Wörter mit doppelten Selbstlauten üben

M

1 Schreibe die Nomen mit Artikel auf.

die Idee

2 Schreibe die Wörter auf. Schreibe zu den Nomen auch den Artikel.

d☾☾f	B★★re	St✿✿t
doof	die	
p✿✿r	Z☾☾	M★★r
T★★r	✿✿l	M☾☾s
B☾☾t	l★★r	W✿✿ge
Kl★★	H✿✿r	M☾☾r

6 Wörter mit doppelten Selbstlauten üben

M

❶ Ergänze die Reimwörter und schreibe die vollständigen Sätze auf.

STOPP

a) Die **Ameisenarmee** marschiert durch die . Allee ✓

b) Der Zwerg verspeist **Gelee** am .

c) Im **Mäusehaar**, da sitzt ganz frech ein .

d) Die **Fee** trinkt gerne mal einen .

e) Der **Aal** tanzt heute Nacht im …

❷

M die Beere
doof
der Kaffee
paar
das Paar
der See

6 Wörter mit langem i finden und schreiben

M

1 Nur wenige Wörter mit lang gesprochenem i schreibe ich mit **i.**
Diese Wörter muss ich mir merken: das Kino, wir, mir, dir …

2 Lies den Text und markiere alle Wörter mit lang gesprochenem **i**.

Auf Carlas Einkaufszettel | stehen folgende Dinge: | Mandarinen, | drei Liter Orangensaft, | zweihundert Gramm Rosinen, | ein Brot | und ein Kilo Apfelsinen. | Für Papas Kusine Eva | packt Carla | noch eine Schachtel Pralinen ein. | Außerdem kauft Carla | blaue Minen | für den Kugelschreiber.

3 Schreibe den Text ab. Unterstreiche die Wörter mit lang gesprochenem **i**.

STOPP

Auf

6 Wörter mit langem i ordnen und schreiben

M

1 Sortiere die Wörter nach ihrer Silbenanzahl.
Markiere in jeder Silbe den Silbenkern. Zeichne Silbenbögen ein.

Kino ✶ mir ✶ prima ✶ Gardine ✶ Klinik ✶ minus ✶ Medizin ✶ dir ✶
lila ✶ Lawine ✶ Maschine ✶ Linie ✶ wir ✶ Clementine ✶ Kabine

eine Silbe:

zwei Silben: Kino,

drei Silben:

vier Silben:

2 Trenne die Wörter mit Strichen.
Schreibe die acht Nomen mit Artikel und Silbenbögen auf.

die Olive,

Die Wörter der Wörterschlange sind „doppelte Merkwörter“. Man schreibt sie mit V oder v und gleichzeitig mit langem i.

M das Kilo	die Maschine
die Medizin	der Tiger
die Linie	prima

6 Wörter mit Dehnungs-h erkennen

M

1 Ordne jeder Wortfamilie ein Nomen, ein Verb und ein Adjektiv zu.
Markiere das unhörbare **h** und den Selbstlaut davor.

fühlen | rühren | wohnen | lehren

das Gefühl | rührselig | die Wohnung | anfühlen

der Rührbesen | die Lehrerin | gefühlvoll | wohnhaft

lehrreich | bewohnen | belehren | umrühren

fühlen:

rühren:

wohnen:

lehren:

2 Ergänze zu jeder Wortfamilie aus **1** mindestens noch ein weiteres Wort.

6 Wörter mit Dehnungs-h erkennen

M

1 Suche zu den Bildern passende Reimwortpaare.

M=S

F=S

Z=K

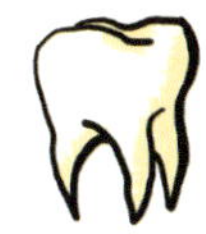

Mohn

M=Str

Sch=K

M=R

2 Lass dir von einem Partnerkind die Sätze diktieren.
Schreibe aus jedem Satz nur das Wort mit Dehnungs-**h** auf.

a) Timo mag keine Bohnen.

b) Die Polizei setzt eine Belohnung aus.

c) Niko fühlt sich heute krank.

d) Die Wühlmaus gräbt sich einen Gang.

e) Eine Höhle ist ein Loch im Berg.

f) Fohlen sind junge Pferde.

g) Lisa fährt oft mit dem Bus zur Schule.

h) Oma hat eine neue Wohnung.

Heft 2, S. 53 ②
a) Bohnen
b) ...

M ähnlich
der Draht
fühlen
führen
die Höhle
während

Wörter mit ß einsetzen

❶ Schreibe Reimwörter auf und setze die Silbenbögen.

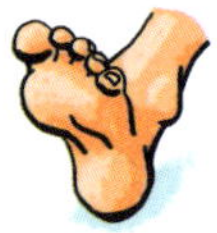  

F u ß	b __ __ ß __ __	g __ __ ß __ __
Gr __ __	h __ __ __ __ __	spr __ __ __ __ __
R __ __	r __ __ __ __ __	schl __ __ __ __ __

❷ Löse das Rätsel. Tipp: A = 1, B = 2, …

~~19.20.18.1.ß.5~~	23.5.9.ß	19.16.1.ß	19.20.15.ß.5.14
6.12.9.5.ß.5.14	4.18.1.21.ß.5.14	6.12.5.9.ß.9.7	19.3.8.13.5.9.ß.5.14

Straße, ______________________________

____

❸ Setze Wörter aus ❶ und ❷ in der passenden Form ein.

Tims bester Freund heißt Krümel. Am liebsten ist er ______ im Garten. Doch wenn er Tim sieht, streicht er ihm zum ______ um die Beine. Sein ______ Fell mag Tim gerne. Er hat mit ihm viel ______. Leider ist Krümel auch ein Tollpatsch. Manchmal ______ er die Bodenvase um oder ______ mit seinen Krallen an den Vorhängen. Doch er ______ Tim nie!

M draußen
fließen
gießen
heißen
schließen
süß

→ AH Seite 46

6 Über das eigene Lernen nachdenken

Ergänze deine Lernraupe.

… Wörter mit doppelten Selbstlauten schreiben.

… Wörter mit langem i finden und schreiben.

… Wörter mit Dehnungs-h erkennen.

… Wörter mit ß einsetzen.

…

Wenn mir etwas schwerfiel, …

Besonders leicht fiel es mir, …

7 Nomen erkennen

1

Nomen schreibe ich **groß.** So erkenne ich sie:
1. Ich setze **vor das Wort einen Artikel:** **der** Onkel, **die** Mutter, **das** Kind …
2. Ich bilde die **Mehrzahl:** der Name – die Namen …
3. Ich **merke** mir: **Namen** von Personen, Städten oder Ländern sind auch Nomen: der Mädchenname **Anna**, die Stadt **Paris**, das Land **Deutschland**.

2 Trenne die Nomen in den Wörterschlangen durch Striche ab.

3 Schreibe die Nomen in der Einzahl und in der Mehrzahl auf.

die Mutter – die Mütter,

→ AH Seite 52

7 Nomen erkennen

1 Lies den Text und markiere die weiteren 16 Nomen.
Schreibe zu jedem Nomen, woran du es erkannt hast.

A = Ich kann einen **A**rtikel vor das Wort setzen.
M = Ich kann die **M**ehrzahl bilden.
N = Es ist ein **N**ame.

A, M N

GESTERN HATTEN MEIN FREUND TOM UND ICH

EINE LUSTIGE IDEE. WIR WOLLTEN ZWEI MÄDCHEN

AUS UNSERER KLASSE EINEN SCHRECK EINJAGEN.

WIR NAHMEN UNSERE FAHRRÄDER UND

RADELTEN ZUM FLUSS. DORT VERSTECKTEN WIR UNS

UNTER DER BRÜCKE UND WARTETEN.

ALS WIR STIMMEN HÖRTEN, SPRITZTEN WIR MIT

UNSEREN WASSERPISTOLEN. GLEICHZEITIG ABER

WURDEN WIR PITSCHNASS. LISA UND ANNA

HATTEN EINEN EIMER VOLL WASSER VON OBEN

HERUNTERGESCHÜTTET.

MIT SO EINEM FRECHEN STREICH HATTEN

WIR JUNGEN NATÜRLICH NICHT GERECHNET!

die Brücke
der Fluss
die Höhe
die Kreuzung
der Wald
das Ziel

Satzanfänge großschreiben

1 **Satzanfänge** schreibe ich **groß:** Die Feuerwehr hat viele Aufgaben.

2 Verfolge die Sätze mit dem Finger und mache nach jedem Satz einen Punkt. Verbessere die Satzanfänge.

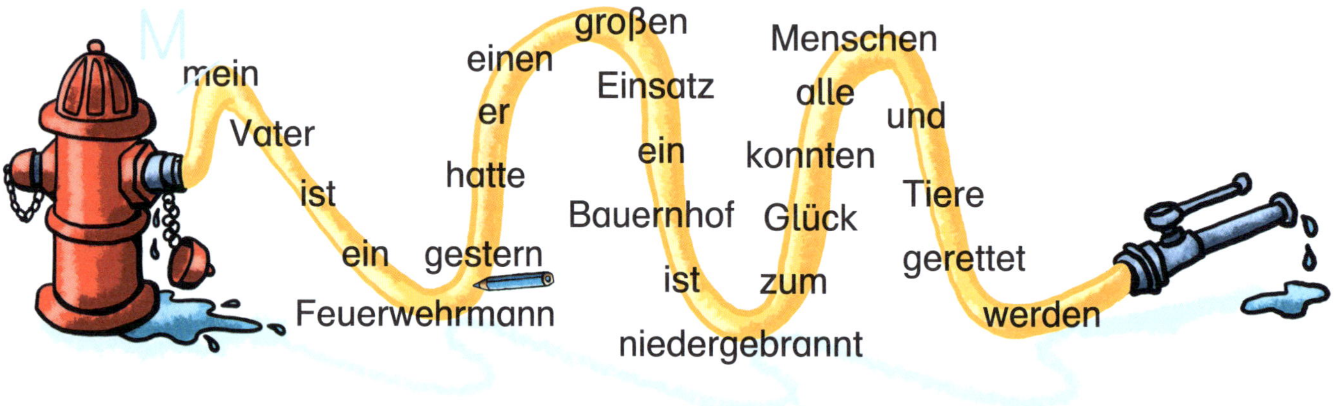

3 Schreibe die Sätze aus 2 richtig auf. Markiere die Satzanfänge und Punkte.

Mein

4

das Feuer
gefährlich
das Gewitter
glühen
das Handy
die Hitze

→ AH Seite 52

7 Nomen und Satzanfänge großschreiben

1 Lies den Text.
Markiere die Nomen und Satzanfänge mit verschiedenen Farben.

die feuerwehr hat viele aufgaben. | ihre wichtigste aufgabe ist es, | feuer zu löschen. | die feuerwehr hilft aber auch, | wenn ein unfall passiert ist. | dann rettet sie die verletzten. | sie beseitigt auch die schäden | nach einem unwetter, | sie pumpt keller leer | und räumt umgestürzte bäume | aus dem weg.

2 Schreibe den Text richtig auf und kontrolliere Schritt für Schritt.

STOPP

Die Feuerwehr hat

7 Zeitangaben großschreiben

1

Die Namen der **Wochentage, Monate** und die **Zeiteinheiten** schreibe ich **groß:**
Dienstag, Januar, drei Stunden, zwei Jahre, ein Monat.
Ich erkenne sie an einem **Signalwort, dem Artikel.** Manchmal ist er versteckt:
am Abend (= **an dem** Abend), **im** Mai (= **in dem** Mai).

2 Setze die Wörter richtig ein. Schreibe daneben das Wort mit dem Artikel.

Dienstag	März	~~Abend~~	Stunde	Jahre	Morgen

1. Am Abend ______ trinke ich eine warme Milch. der Abend ______
2. Jeden ______ ziehe ich mich an. ______
3. Ich habe im ______ Geburtstag. ______
4. Ich schwimme eine halbe ______ . ______
5. Am ______ muss ich zum Arzt. ______
6. Meine Schwester ist fünf ______ alt. ______

3 Schreibe die Sätze aus **2** richtig ab. Unterstreiche die Zeitangaben.

STOPP

1. Am Abend ______

______

______

______

______

______

7 Zeitangaben großschreiben

1 Schreibe fünf oder mehr Sätze über dich auf.
Verwende diese oder ähnliche Zeitangaben.

jeden Tag	in den Sommerferien	am Wochenende
im Frühling	nächstes Jahr	im Mai
um sieben Uhr	an Weihnachten	am Mittwoch

2

M der Advent
das Jahr
der Karneval
der Mai
der November
die Uhr

7 Anredepronomen richtig verwenden

1

In einem Brief an Freunde oder Verwandte benutze ich diese Anredepronomen: du, dein, dich, euch, ihr …
Diese darf ich **groß- oder kleinschreiben.**
In förmlichen Briefen wird der Briefpartner mit **Sie** angesprochen.
Die Anredepronomen werden der Höflichkeit wegen **großgeschrieben:** Sie, Ihnen, Ihr, Ihre …

2 Jan ist umgezogen. Die Klasse 3b schickt ihm diesen Einladungsbrief zum Sommerfest. Lest den Brief abwechselnd Satz für Satz.
Setzt **du**, **dich** und **dir** passend ein.

Lieber Jan,

wir möchten ___ herzlich zu unserem Sommerfest am Samstag, den 21.6., ab 11 Uhr am alten Sportplatz einladen. Zuerst wollen wir mit ___ grillen. Würstchen und Salat kaufen wir, aber ___ solltest bitte einen Teller, ein Glas und Besteck für ___ mitbringen.
Danach möchten wir gemeinsam spielen. Vielleicht fällt ___ ein neues Spiel ein, das wir machen können?
Wir freuen uns auf ___ und hoffen, dass ___ kommen kannst.

Deine Klasse 3b

3 Die Klasse möchte auch ihren ehemaligen Lehrer, Herrn Winter, einladen. Schreibe die Einladung um. Benutze dabei die höflichen Anredepronomen und markiere sie.

Heft 2, S. 62 ③
Lieber Herr Winter,
wir möchten Sie herzlich …

7 Über das eigene Lernen nachdenken

Ergänze deine Lernraupe.

… Nomen erkennen.

… Nomen und Satzanfänge großschreiben.

… Zeitangaben großschreiben.

… Anredepronomen richtig verwenden.

…

Wenn ich mir Aufgaben wünschen dürfte: …

Ich hätte gern, dass ich …

8 Einen Text verbessern

1 Lies die Postkarte von Tom und vervollständige dabei zunächst die Wörter. Nutze die Hilfen: .

2 Schlage die rot markierten Wörter in der Postkarte von 1 im Wörterbuch nach. Schreibe sie richtig auf.

T

M

③ Schreibe die Wörter richtig auf. Nutze die Hilfen.

sup✳	– Sprich deutlich in Silben.
Spielelan✳	– Bilde die Mehrzahl.
dringen✳	– Bilde die 1. Vergleichsstufe.
Parkpl✳tze	– Bilde die Einzahl.
ga✳	– Bilde die Grundform des Verbs.
versch✳dene	– Überprüfe: Kurzer oder langer Selbstlaut?

super, Spieleland

④ Schreibe eine eigene Postkarte.
Überlege bei schwierigen Wörtern, welche Strategie dir hilft.
Tausche dich mit einem Partnerkind dazu aus.

8 Nach Rechtschreibstrategien ordnen

Auf einen Blick:

- In Silben gliedern: So vergesse ich keinen Buchstaben: Besen.
- Ein Ableitungswort bilden. So unterscheide ich **e** oder **ä** und **eu** oder **äu**: Zäune – Zaun Häschen – Hase.
- Durch Weiterschwingen ein Verlängerungswort finden. So unterscheide ich **b** oder **p**, **d** oder **t** und **g** oder **k** am Wortende: Ber_ → die Berge.
- M Wörter mit doppelten Selbstlauten oder mit einem **ß** muss ich mir merken: Schnee, Fuß.

1 Tausche dich mit einem Partnerkind dazu aus, welche Strategie euch bei der markierten Stelle hilft. Ordnet die Wörter den Strategien zu.

Badeente,

M

8 Nach Rechtschreibstrategien ordnen

◡ ↯ ↪ M

1 Ergänzt die Wörter mit Hilfe der Strategien.

Ber g___ ★ W___sche ★ er lie___t

hei___ ★ Ba___ ★ H___nde

w___rmen ★ R___der ★ Hobb___

Schn___ ★ Aben___ ★ wei___

2 Schreibe die Wörter aus **1** passend zu den Zeichen.
Ergänze jeweils ein weiteres Wort.

↯	↪	M
	Berg	

3

feucht
frieren
schmutzig
schwitzen
die Temperatur
trocken

8 Rechtschreibstrategien anwenden

◡◡ ↯ ↪

1 Besprecht, welches Strategiesymbol zu welchem Wort gehört.
Markiert das Wort und die Strategie jeweils mit einer Farbe.
Schreibt die Wörter und die passende Strategie auf.

a) **Ein toll✱ Ta✱ am Meer** ↪ ◡◡

toller, Tag ↪ Tage

b) Paul l✱chelt bis über beide Ohr✱. ◡◡ ↯

c) Heute ge✱t es mit seinem Freun✱ Tobi ans Wass✱. ◡◡ ↪ ↪

d) Hier an der Nor✱see bl✱st das ganze Jahr der Wind. ↯ ↪

e) Für die Han✱tücher finden sie ein Pl✱tzchen in den Dünen. ↪ ↯

f) Tobi sprin✱t muti✱ in die We✱en. ◡◡ ↪ ↪

2

→ AH Seite 57, 58

8 Rechtschreibfehler verbessern

1 In Monis Text sind die Fehler bereits markiert.
Schreibe den Text fehlerfrei ab.
Lass dabei die gelben Zeilen frei.
Schreibe die Begründung über das Wort in die leere Zeile.

Montag ist für mich | der Schönste Tag der woche. | Da habe ich gitarrenunterricht. | Ich hätte nicht Gedacht, | dass es so viel Spaß macht. | letzten Sonntag durfte ich | vor publikum auftreten. | Es war ganz leicht. | ich war überhaupt | nicht Aufgeregt. (Moni, 8 Jahre)

Adjektiv = klein

Montag ist für mich ✓ der schönste Tag

8 Rechtschreibfehler verbessern

❶ Davids Text enthält insgesamt acht Fehler.
Unterstreiche die Fehlerwörter.

Wenn mir Langweilig ist, dann gehe ich auf den Bolzplaz. ||
Hier ist immer ein Freund, der mit mir kikt. mittwochs ||
trainiere ich im Fußbalverein. Am Wochenende haben wir |
ein spiel. Ich spiele im Mittelfelt, aber wenn der Torwart ||
Krank ist, dann stehe ich gern im Tor. (David, 9 Jahre) |

❷ Schreibe den Text richtig auf. Markiere die verbesserten Stellen.

STOPP

Wenn mir langweilig ist, ✓

❸ Besprecht, welche Strategien euch bei der Verbesserung der Rechtschreibfehler geholfen haben.

8 Über das eigene Lernen nachdenken

Ergänze deine Lernraupe.

… einen Text verbessern.

… Recht-schreibstrategien anwenden.

… Recht-schreibfehler verbessern.

…

…

Wörterliste

A a

der **Abend**, die Abende ↪
aber
ab|küh|len, es kühlte ab M
ähn|lich M
al|lein
an|ders
der **An|fang**, die Anfänge ↯
an|fan|gen, er fing an
die **Angst**, die Ängste ↯
ängst|lich ↯
är|gern, sie ärgerte
der **Arzt**, die Ärzte ↯
die **Ärz|tin**, die Ärztinnen ↯
auf|räu|men, er räumte auf ↯
auf|we|cken, sie weckte auf
au|ßen M

B b

ba|cken, er buk oder er backte
der **Bä|cker**, die Bäcker ↯
die **Bä|cke|rin**, die Bäckerinnen ↯
die **Bahn**, die Bahnen M
bald
bau|en, sie baute
die **Bee|re**, die Beeren M
be|gin|nen, es begann
das **Bei|spiel**, die Beispiele
bei|ßen, er biss M
be|loh|nen, sie belohnte M
be|reits
der **Be|ruf**, die Berufe
bes|ser
be|stimmt
das **Bett**, die Betten
be|vor M
bie|gen, er bog
biss|chen
blei|ben, sie blieb
der **Blick**, die Blicke
bli|cken, er blickte
blind ↪
blin|ken, er blinkte
der **Blitz**, die Blitze ↪
blit|zen, es blitzte
der **Block**, die Blöcke
bloß M
boh|ren, sie bohrte M
das **Boot**, die Boote M
bo|xen, er boxte M
der **Brand**, die Brände ↪ ↯
brav M
bren|nen, es brannte
die **Bril|le**, die Brillen
die **Brü|cke**, die Brücken
die **But|ter**

C c

der **Clown**, die Clowns

D d

dann
die **De|cke**, die Decken
deut|lich
deutsch

Deutsch|land [↪]
dick
die|ser
der **Don|ner**
doof [M]
der **Draht**, die Drähte [M] [ϟ]
drau|ßen [M]
der **Dreck**
dre|ckig
dre|hen, sie drehte
der **Druck**
drü|cken, es drückte
dumm [↪]
die **Dumm|heit**, die Dummheiten
dünn [↪]
durch
der **Durst**
durs|tig

E e

ent|de|cken, er entdeckte
die **Ecke**, die Ecken
eckig
ehr|lich [M]
ei|gent|lich
emp|fin|den, sie empfand
ent|fer|nen, er entfernte
die **Ent|fer|nung**, die Entfernungen
ent|ge|gen
ent|wi|ckeln, sie entwickelte
die **Ent|wick|lung**, die Entwicklungen
er|klä|ren, er erklärte [ϟ]
er|lau|ben, sie erlaubte
die **Er|laub|nis**
er|le|ben, er erlebte
das **Er|leb|nis**, die Erlebnisse
er|näh|ren, sie ernährte [M]
er|schre|cken, er erschreckte
er|zäh|len, sie erzählte [M]
die **Er|zäh|lung**, die Erzählungen [M]
es|sen, er aß [M]
Eu|ro|pa
ex|plo|die|ren, es explodierte [M]
ex|tra [M]

F f

der **Feh|ler**, die Fehler [M]
feh|lerfrei [M]
die **Fe|ri|en**
fern|se|hen, er sah fern
der **Fern|se|her**, die Fernseher
fer|tig
fett [↪]
das **Fett**, die Fette [↪]
feucht
die **Feuch|tig|keit**
das **Feu|er**, die Feuer
das **Flug|zeug**, die Flugzeuge [↪]
der **Fluss**, die Flüsse [↪]
die **Flüs|sig|keit**, die Flüssigkeiten
die **Frei|heit**, die Freiheiten
fres|sen, sie fraß
frie|ren, er fror
fröh|lich [M]
füh|len, sie fühlte [M]
füh|ren, er führte [M]

G g

der **Gar|ten,** die Gärten ↯
das **Ge|bäu|de,** die Gebäude ↯
die **Ge|burt,** die Geburten
der **Ge|burts|tag,** die Geburtstage ↪
die **Ge|fahr,** die Gefahren M
gefähr|lich M
das **Ge|fühl,** die Gefühle M
ge|gen
ge|heim
das **Ge|heim|nis,** die Geheimnisse
ge|hen, sie ging
ge|nug
das **Ge|päck** ↯
der **Ge|ruch,** die Gerüche
das **Ge|schäft,** die Geschäfte
ge|sche|hen, es geschah
das **Ge|schenk,** die Geschenke
das **Ge|setz,** die Gesetze ↪
das **Ge|wächs,** die Gewächse M
ge|win|nen, er gewann
das **Ge|wit|ter,** die Gewitter
gie|ßen, sie goss M
der **Glanz**
glän|zen, es glänzte ↯
das **Glas,** die Gläser ↯
glatt ↪
das **Glück**
glück|lich
glü|hen, er glühte
der **Gott,** die Götter ↪
grü|ßen, sie grüßte M

H h

ha|ben, er hatte
das **Han|dy,** die Handys M
hän|gen, es hing ↯
hart
der **Hau|fen,** die Haufen
häu|fig ↯
hei|ßen, sie hieß M
hei|zen, er heizte
die **Hei|zung,** die Heizungen
her|stel|len, sie stellte her
die **Her|stel|lung**
hier
die **Hit|ze**
hof|fen, er hoffte
hof|fent|lich
die **Hö|he,** die Höhen
hohl M
die **Höh|le,** die Höhlen M
der **Hun|ger**
hung|rig

I i

die **Idee,** die Ideen M
im|mer
imp|fen, sie impfte
die **Imp|fung,** die Impfungen
die **In|for|ma|tion,** die Informationen
in|for|mie|ren, er informierte
in|nen
in|te|res|sant
das **In|te|res|se,** die Interessen

J j

ja|gen, sie jagte
das **Jahr,** die Jahre [M]
je|mand
jetzt
die **Ju|gend**
ju|gend|lich
jung

K k

der **Kaf|fee** [M]
der **Kä|fig,** die Käfige [M]
der **Kamm,** die Kämme [ϟ]
käm|men, er kämmte [ϟ]
kann, sie konnte
ken|nen, er kannte
das **Ki|lo|gramm** [M]
klar
klä|ren, sie klärte [ϟ]
klet|tern, er kletterte
klug [↪]
der **Kom|pass,** die Kompasse [↪]
kön|nen, sie konnte
die **Kraft,** die Kräfte [ϟ]
kräf|tig [ϟ]
krank
krat|zen, er kratzte
die **Kreu|zung,** die Kreuzungen
krie|chen, sie kroch
der **Krieg,** die Kriege [↪]
kühl [M]
küh|len, er kühlte [M]
die **Kur|ve,** die Kurven [M]
kurz
der **Kuss,** die Küsse [↪]

L l

lä|cheln, er lächelte [ϟ]
das **La|chen**
das **Land,** die Länder [↪] [ϟ]
lang
lang|sam
der **Lärm** [M]
las|sen, sie ließ
das **Laub**
der **Leh|rer,** die Lehrer [M]
die **Leh|re|rin,** die Lehrerinnen [M]
letz|ter
leuch|ten, es leuchtete
das **Lied,** die Lieder [↪]
lie|gen, sie lag
die **Li|nie,** die Linien [M]
links [M]
der **Löf|fel,** die Löffel
lus|tig

M m

der **Mag|net,** die Magnete
manch|mal
die **Ma|schi|ne,** die Maschinen [M]
das **Maß,** die Maße [M]
das **Me|di|um,** die Medien
das **Meer,** die Meere [M]
mehr [M]
mes|sen, er maß

das **Mes|ser,** die Messer

die **Mie|te,** die Mieten

die **Mi|nu|te,** die Minuten [M]

der **Mit|tag** [↪]

die **Mit|te**

mi|xen, sie mixte [M]

das **Moos,** die Moose [M]

der **Müll**

mu|tig

die **Müt|ze,** die Mützen

N n

nächs|ter

nah

die **Nä|he**

nä|hen, er nähte

die **Nah|rung** [M]

nass [↪]

die **Näs|se**

die **Na|tur**

na|tür|lich

neh|men, sie nahm [M]

nichts

nie|mals

nie|mand

noch

die **Num|mer,** die Nummern

nun

nur

die **Nuss,** die Nüsse [↪]

nüt|zen, es nützt

nütz|lich

O o

ob

oben

oder

of|fen

oft

oh|ne [M]

der **Ort,** die Orte

P p

das **Paar,** die Paare [M]

paar [M]

das **Päck|chen,** die Päckchen [↯]

pa|cken, er packte

das **Pa|ket,** die Pakete

der **Pass,** die Pässe [↪] [↯]

pas|sen, es passte

die **Pfan|ne,** die Pfannen

das **Pferd,** die Pferde [↪]

der **Pilz,** die Pilze

plötz|lich

pri|ma [M]

das **Pro|gramm,** die Programme [↪]

put|zen, sie putzte

Qu qu

das **Qua|drat,** die Quadrate [M]

die **Qual,** die Qualen [M]

quä|len, er quälte [M]

der **Qualm** [M]

das **Quar|tett,** die Quartette [M]

der **Quatsch** [M]

die **Quel|le,** die Quellen [M]
quer [M]

R r

das **Ra|dio,** die Radios
ra|ten, sie riet
das **Rät|sel,** die Rätsel [↯]
der **Raum,** die Räume [↯]
rechts
das **Reh,** die Rehe
die **Rei|he,** die Reihen
rei|sen, er reiste
rei|ßen, sie riss [M]
ren|nen, er rannte
rich|tig
rie|chen, es roch
der **Rie|se,** die Riesen
die **Ru|he**
ru|hig
rund [↪]
rüh|ren, er rührte [M]

S s

sam|meln, sie sammelte
die **Samm|lung,** die Sammlungen
schaf|fen, er schuf
der **Schall**
schal|ten, sie schaltete
der **Schal|ter,** die Schalter
scharf
die **Schär|fe,** die Schärfen [↯]
der **Schat|ten,** die Schatten
schie|ben, sie schob
schief
schimp|fen, er schimpfte
schlie|ßen, sie schloss [M]
der **Schlüs|sel,** die Schlüssel
schme|cken, es schmeckte
der **Schmutz**
schmut|zig
schnei|den, er schnitt
schon
der **Schreck**
schreck|lich
schüt|teln, sie schüttelte
der **Schutz**
schüt|zen, er schützte
schwei|gen, sie schwieg
schwie|rig
die **Schwie|rig|keit,** die Schwierigkeiten
schwim|men, er schwamm
schwit|zen, sie schwitzte
der **See,** die Seen [M]
selbst
set|zen, er setzte
die **Skiz|ze,** die Skizzen
skiz|zie|ren, er skizzierte
spa|ren, sie sparte
der **Spaß,** die Späße [M]
spät [M]
der **Spa|zier|gang,**
die Spaziergänge [↯]
der **Spie|gel,** die Spiegel
spitz [↪]
die **Spit|ze,** die Spitzen
die **Stadt,** die Städte

der **Stamm,** die Stämme [↪] [⚡]
stark
stär|ken, er stärkte
das **Steu|er,** die Steuer
steu|ern, sie steuerte
der **Stiel,** die Stiele
stim|men, es stimmte
der **Stoff,** die Stoffe [↪]
der **Strand,** die Strände [↪] [⚡]
die **Stra|ße,** die Straßen [M]
der **Strauß,** die Sträuße [M]
der **Streit**
strei|ten, sie stritt
der **Strom,** die Ströme
strö|men, es strömte
das **Stück,** die Stücke
der **Stuhl,** die Stühle [M]
der **Sturm,** die Stürme
stür|misch
süß [M]
die **Sü|ßig|keit,** die Süßigkeiten [M]

T t

der **Tag,** die Tage [↪]
die **Tan|ne,** die Tannen
tan|zen, sie tanzte
die **Tas|se,** die Tassen
tau|send
das **Ta|xi,** die Taxis [M]
die **Tech|nik,** die Techniken
der **Tel|ler,** die Teller
die **Tem|pe|ra|tur,** die Temperaturen
der **Text,** die Texte [M]
das **The|a|ter,** die Theater
das **Ther|mo|me|ter,** die Thermometer [M]
tief
die **Tie|fe,** die Tiefen
der **Ti|ger,** die Tiger [M]
trai|nie|ren, er trainierte [M]
die **Trä|ne,** die Tränen [M]
der **Traum,** die Träume [⚡]
träu|men, sie träumte [⚡]
trau|rig
tref|fen, er traf
treu
tro|cken
trotz|dem

U u

die **Uhr,** die Uhren [M]
über
über|all
über|que|ren, er überquerte [M]
um|keh|ren, sie kehrte um [M]
um|rüh|ren, er rührte um [M]
un|ge|fähr [M]
un|ter
der **Un|ter|richt**
der **Ur|laub,** die Urlaube [↪]

V v

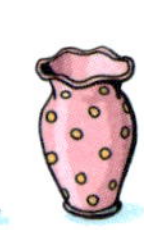

die **Va|se,** die Vasen [M]
ver|bie|ten, sie verbot [M]
ver|brau|chen, er verbrauchte [M]
ver|bren|nen, es verbrannte [M]

die **Ver|bren|nung**,
die Verbrennungen M
der **Ver|ein**, die Vereine M
ver|ei|nen, er vereinte M
ver|ges|sen, sie vergaß M
ver|let|zen, er verletzte M
die **Ver|let|zung**, die Verletzungen M
ver|lie|ren, sie verlor M
ver|pa|cken, er verpackte M
die **Ver|pa|ckung**,
die Verpackungen M
ver|ste|hen, sie verstand M
ver|ste|cken, er versteckte M
ver|wech|seln,
sie verwechselte M
viel|leicht M
voll M
voll|stän|dig M
vor|bei M
die **Vor|fahrt** M
die **Vor|sicht** M
vor|sich|tig M

W w

wach|sen, es wuchs M
die **Wahl**, die Wahlen M
wäh|len, er wählte M
wäh|rend M
der **Wald**, die Wälder ↪ ⚡
die **Wand**, die Wände ↪ ⚡
das **Was|ser**
wech|seln, sie wechselte M
we|cken, er weckte
der **We|cker**, die Wecker
Weih|nach|ten
wel|che
die **Welt**, die Welten
wenn
wich|tig
wie
wie|der
wie|gen, sie wog
wild ↪
der **Wind**, die Winde ↪
win|ken, er winkte
wis|sen, sie wusste
woh|nen, er wohnte M

Z z

die **Zahl**, die Zahlen M
zäh|len, er zählte M
der **Zeh**, die Zehen
zeich|nen, sie zeichnete
die **Zeit**, die Zeiten
die **Zei|tung**, die Zeitungen
das **Zeug|nis**, die Zeugnisse ↪
zie|hen, er zog
das **Ziel**, die Ziele
zie|len, sie zielte
zu|frie|den
die **Zu|kunft**
zu|künf|tig
zu|letzt
zu|rück

Einsterns Schwester 3

Themenheft 2
Richtig schreiben

Herausgegeben von: Roland Bauer, Jutta Maurach

Erarbeitet von: Wiebke Gerstenmaier, Sonja Grimm

Fachliche Beratung exekutive Funktionen: Dr. Sabine Kubesch, INSTITUT BILDUNG plus, im Auftrag des ZNL TransferZentrum für Neurowissenschaften und Lernen, Ulm

Begutachtung: Katrin und Peter Bertram (Mühlenbeck), Angelika Fischer (Weiterstadt), Claudia Hoeschen (Kappeln), Ines Kewitz (Rastatt), Sybille Maier-Alvarez del Cid (Achern), Julia Schäfer (Gießen)

Redaktion: Martina Schramm, Sabine Gerber, Mirjam Löwen

Illustration: Yo Rühmer, Frankfurt am Main

Umschlaggestaltung: Cornelia Gründer, agentur corngreen, Leipzig

Layout und technische Umsetzung: lernsatz.de

fex

fex steht für *Förderung exekutiver Funktionen*. Hierbei werden neueste Erkenntnisse der kognitiven Neurowissenschaft zum spielerischen Training exekutiver Funktionen für die Praxis nutzbar gemacht. **fex** wurde vom **ZNL TransferZentrum für Neurowissenschaften und Lernen** *(www.znl-ulm.de)* an der Universität Ulm gemeinsam mit der **Wehrfritz GmbH** *(www.wehrfritz.com)* ins Leben gerufen. Der Cornelsen Verlag hat in Kooperation mit dem ZNL ein Konzept für die Förderung exekutiver Funktionen im Unterrichtswerk *Einsterns Schwester* entwickelt.

www.cornelsen.de

1. Auflage, 1. Druck 2016

Alle Drucke dieser Auflage sind inhaltlich unverändert
und können im Unterricht nebeneinander verwendet werden.

© 2016 Cornelsen Verlag GmbH, Berlin

Das Werk und seine Teile sind urheberrechtlich geschützt.
Jede Nutzung in anderen als den gesetzlich zugelassenen Fällen bedarf der vorherigen schriftlichen Einwilligung des Verlages.
Hinweis zu den §§ 46, 52 a UrhG: Weder das Werk noch seine Teile dürfen ohne eine solche Einwilligung eingescannt und in ein Netzwerk eingestellt oder sonst öffentlich zugänglich gemacht werden.
Dies gilt auch für Intranets von Schulen und sonstigen Bildungseinrichtungen.

Druck: Parzeller print & media GmbH & Co. KG, Fulda

ISBN 978-3-06-081743-6

Dieses Heft ist Bestandteil des Pakets „Einsterns Schwester 3", Verbrauchsmaterial (ISBN 978-3-06-081737-5), und kann auch einzeln bestellt werden.

PEFC zertifiziert
Dieses Produkt stammt aus nachhaltig bewirtschafteten Wäldern und kontrollierten Quellen.
www.pefc.de
PEFC/04-31-1308